AF410964

FRIEDRICH KLINCKSIECK

LIBRAIRE DE L'INSTITUT IMPÉRIAL DE FRANCE.

11, RUE DE LILLE, **PARIS.**

Du rôle et de l'emploi de la Cavalerie

DU ROLE ET DE L'EMPLOI

DE LA

CAVALERIE

AUX DIFFÉRENTES ÉPOQUES

CONFÉRENCE

PAR

Alex. LEFEBVRE

Lieutenant, Commandant l'École Régimentaire du 1er Lanciers

NAMUR
IMPRIMERIE P. GODENNE, LIBRAIRE, RUE DE BRUXELLES, 13

MDCCCLXXII

PROPRIÉTÉ

Chaque fois qu'une société se constitue, elle procède aussitôt à la formation d'une armée ; en effet, défendre l'intégrité du territoire, assurer la grandeur de la nation, protéger l'exécution des lois sont des nécessités pressantes qui exigent une armée. Or, cette force que nous appelons *armée* se compose d'éléments divers, qu'il faut combiner entre eux en tenant compte des découvertes nouvelles et du perfectionnement des engins de guerre. C'est ainsi que la cavalerie a subi des changements nécessités par les progrès de la tactique. Devant la force que la poudre donnait à l'infanterie et à l'artillerie, son rôle diminua ; et aujourd'hui que de récentes inventions ont doté l'artillerie d'une formidable puissance, la cavalerie va devoir encore modifier son action dans les combats.

Si nous voulons apprécier le rôle futur de la cavalerie, étudions, Messieurs, son rôle dans le passé ; recherchons quelle a été son organisation aux différentes époques, quel a été son emploi dans les batailles ; enfin, nous terminerons cette étude par l'examen des changements projetés ou accomplis par les différents gouvernements, qui tous ont compris, qu'au moment où un progrès soudain augmente à la fois la rapidité et la portée du tir et bouleverse ainsi les anciens principes de la stratégie, il est de toute nécessité de donner à la cavalerie une tactique nouvelle, et de meilleures dispositions de combat. Nous chercherons ainsi, dans l'analyse du passé, d'utiles enseignements pour l'avenir.

Dans l'antiquité, nous trouvons à la cavalerie romaine un harnachement des plus simples : deux couvertures pliées et retenues par une sangle, un poitrail et une croupière ; la selle ne vint qu'au IV⁰ siècle, sous Théodose, et les étriers ne datent que du VI⁰. Ces cavaliers, légèrement équipés, étaient mêlés à l'infanterie : un peloton de trente hommes (*turma*) est attaché à chaque cohorte, et comme la légion compte dix cohortes, elle comprend trois cents cavaliers. Disposés généralement sur les ailes ou en arrière, ils combattaient sous les ordres du chef de la légion : mais, si l'armée était conduite par un dictateur, celui-ci était assisté d'un *maître de la cavalerie,* (magister equitum) qui prenait le commandement de toute cette arme.

Sous l'empire romain, la proportion de la

cavalerie augmente rapidement, par l'introduction des barbares dans les armées : sous Justinien, nous ne trouvons presque plus que de la cavalerie : aussi les peuples asiatiques ont bon marché de ces armées inconsistantes, et l'empire romain tombe.

Au moyen-âge, la cavalerie prime les autres armes; toute bardée de fer, elle se formait sur deux rangs, distants de quarante pas au moins : elle constituait ainsi le centre de bataille, Sous Henri II, la tactique change ; la cavalerie, plus légère, resserre ses rangs et prend un ordre plus profond.

Sous Louis XIII, se constituent pour la première fois l'escadron puis le régiment de deux à quatre escadrons. La poudre a fait sentir son influence : on arme la cavalerie de mousquets, l'arme blanche devient secondaire : on a formé les *dragons*. Leur manière de combattre est nouvelle : le premier rang, armé de mousquets, fait une ou plusieurs décharges; puis, il démasque les autres rangs, qui chargent l'ennemi déjà entamé par leur feu, une dernière ligne d'arquebusiers les suit pour couvrir au besoin la retraite ou achever la poursuite.

C'était aussi, à peu de chose près, la manière de combattre des *reîtres* allemands dans la guerre de *Trente Ans :* ils se formaient en escadrons profonds : chaque rang faisait feu, puis allait se reformer en arrière : une fois l'ennemi ébranlé, la masse entière le chargeait, l'épée à la main.

Vers la même époque, apparaît un grand homme de guerre, Gustave-Adolphe, le fondateur de la stratégie moderne. Il fait de l'infanterie la force principale de ses armées; quant à la cavalerie, il veut qu'elle agisse non par le feu, mais par le choc : le sabre sera donc l'arme habituelle, le mousquet sera l'exception. Dès lors, l'ordre profond n'a plus de raisons d'être : il forme sa cavalerie sur trois rangs, et inaugure cet ordre de bataille qui prévalut jusqu'à la fin du siècle dernier.

En France, les escadrons manœuvrent sur trois rangs dès les premières années de Louis XIV : ces trois rangs étaient distants de 4 mètres, mais se resserraient pour la charge. Quant aux régiments, on les plaçait sur une ligne, en séparant les escadrons entre eux par des intervalles égaux au quart de leur front.

On ne savait pas, cependant, donner à ces régiments une impulsion unique : on ne chargeait que par escadron. Parfois, pourtant, on plaçait plusieurs escadrons à la suite, et formant une seule masse; c'est l'origine de la *colonne serrée*.

En 1667, on comprend la nécessité d'avoir une réserve prête à soutenir la cavalerie, et nous voyons les gendarmes et les chevaux-légers constituer une deuxième ligne qui se place en arrière. Ajoutons que les régiments de cavalerie comptaient en France 600 chevaux au plus; en Autriche, leur effectif s'élevaient à 1200 et même à 1800 chevaux.

Tel était l'état de la cavalerie, lorsque parut Frédéric II.

Avec ce grand homme, l'organisation de la cavalerie, sa tactique, son ordre de bataille se modifient d'après les leçons de l'expérience. En le suivant dans toutes ses grandes batailles, nous comprendrons mieux les motifs des nouveaux principes tactiques qu'il ne tarda pas à adopter.

En montant sur le trône, Frédéric trouva la stratégie emprisonnée dans un cercle étroit : la prise d'une ville, l'occupation d'une position, le besoin de se ravitailler était souvent le but de toute une campagne. Quant à la tactique, elle était renfermée dans des règles sévères. Le centre de bataille était formée de l'infanterie sur 2 lignes, aux ailes, la cavalerie, le plus souvent sur 3 lignes. Celle-ci était-elle trop inférieure à celle de l'ennemi, on la renforçait en intercalant dans les ailes quelques bataillons d'infanterie.

La bataille s'engageait par les ailes ; la cavalerie victorieuse attaquait les flancs du centre ennemi, en même temps que les lignes d'infanterie soutenaient ce mouvement par leur feu.

Tel était l'ordre de bataille ordinaire ; tel est aussi celui qu'adopte Frédéric à sa première bataille, à Molwitz (1741). Comme il n'a que 10 escadrons à son aile droite, il la renforce de 2 bataillons de grenadiers. En outre, 3 bataillons qui n'ont pu trouver place au centre restent à sa droite, en troisième ligne, et constituent une véritable réserve. Cette disposition, toute fortuite, valut à Frédéric le gain de la bataille ; car la cavalerie autrichienne, qui avait facilement eu raison des 10 escadrons prussiens, vint se briser contre la réserve imprévue de Frédéric. Un mouvement heureux de l'aile gauche détermina la retraite des Autrichiens, et la victoire resta au jeune monarque prussien.

Après cette bataille, dit le colonel d'Andlau, « Frédéric resta trois semaines à Molwitz pour couvrir le siége de Brieg ; il en profita pour donner à sa cavalerie l'adresse, la confiance, l'initiative qu'elle n'avait pas ; » il l'envoya souvent au loin, afin, dit-il dans ses *Mémoires,* « que les officiers apprissent à profiter du terrain et à se fier à leurs propres forces. »

Fort de l'instruction qu'il a donnée à cette arme, Frédéric peut désormais exiger d'elle des résultats plus importants. Aussi, lorsque, abandonné momentanément par la fortune, il se replie sur la Silésie, il se sert utilement de sa cavalerie. Le maréchal Traun cherchait à le cerner ; un corps de 6,000 hussards le séparait d'une armée de 12,000 hommes, commandée par le margrave Charles d'Anspach, que Frédéric voulait appeler à lui. Il n'hésite pas. Il lance les hussards de Ziethen sur la cavalerie autrichienne et fait parvenir au margrave l'ordre qui doit le sauver.

Celui-ci s'avance : il trouve la cavalerie autrichienne renforcée de 20,000 hommes de troupes irrégulières, qui avaient pris position à Jœgerndorf. Le margrave jette sa cavalerie sur les lignes d'infanterie autrichienne, et les enfonce ; il culbute ensuite les ailes ennemies et se fraye victorieusement un passage. C'est de cette journée, Frédéric le reconnaît dans ses *Mémoires,* que date la réputation de la cavalerie prussienne.

En même temps que le rôle de la cavalerie s'étendait dans les opérations de campagne, son action grandissait aussi sur le champ de bataille; le combat de Friedberg va nous le prouver.

L'infanterie était sur deux lignes : à droite, 10 escadrons formés aussi sur deux lignes; à gauche, mêmes dispositions. En arrière, nous voyons pour la première fois figurer une réserve générale composée de 20 escadrons de hussards et de 10 de dragons, sous les ordres de Ziethen. L'attaque se fit par les ailes : la cavalerie de la droite, après avoir enfoncé les premières lignes, se retourna par un brusque changement de front, sur la gauche autrichienne, et la força à se replier. En même temps, l'aile gauche, appuyée par la réserve, engageait l'action. La cavalerie autrichienne fut rejetée sur Friedberg : l'infanterie se replia de telle manière, que l'armée présentât une sorte de demi-cercle sans défense. La cavalerie prussienne de gauche, dont la deuxième ligne n'avait pas donné, se forma en trois colonnes, et fondit ainsi sur l'infanterie autrichienne dont la déroute fut complète.

A Sorr, Frédéric ayant peu de cavalerie ne la déploya que sur une ligne; les autrichiens en avaient trois, mais espacées seulement de vingt pas et acculées à un ravin : double faute qui les perdit, car les lignes autrichiennes furent culbutées les unes sur les autres, et jetées dans le ravin. L'attaque des Prussiens avait été si vive, que l'ennemi avait eu à peine le temps de mettre le sabre à la main. Car c'était un des principes de Frédéric, que la cavalerie doit agir avec la plus grande vitesse.

Dans les pays escarpés, comme à Kellersdorf, il met sa cavalerie en arrière des trois lignes d'infanterie, et ne s'en sert que peu.

A Prague, nous voyons apparaître la première attaque de front et de flanc combinées. En effet, après une première et vaine tentative, on charge l'ennemi de front, et on appuie cette charge par une attaque sur le flanc, faite par les hussards. Les cavaliers autrichiens ne résistent pas à cette manœuvre imprévue, et sont mis en fuite.

Voilà des exemples de ce que pouvait l'initiative et l'extrême confiance de cette cavalerie; parfois cependant, l'exagération de ces qualités lui fut fatale; nous allons en trouver une preuve frappante dans la bataille de Kolin.

Frédéric avait massé sur sa gauche la plus

forte partie de sa cavalerie ; avec elle, il attaque la droite autrichienne et l'enfonce. Les autrichiens sonnent la retraite ; aussitôt le roi de Prusse lance ses escadrons pour séparer complétement la droite du gros de l'armée, et mettre l'ennemi en déroute. Les cavaliers prussiens s'élancent impétueusement ; mais l'infanterie opposée les reçoit par un feu animé, qui porte le désordre dans leurs rangs. Profitant de cette circonstance, un régiment belge, qui plus tard s'appela « Dragons de Latour » (*), fond sur les Prussiens déjà ébranlés, les prend en flanc, et les taille en pièces. Ce sont maintenant les Prussiens qui sonnent la retraite : la bataille est perdue pour eux.

Nous arrivons enfin à l'épisode le plus important, à notre point de vue, du règne de Frédéric ; je veux parler de la bataille de Zorndorf. Cette fois, c'est une armée russe qu'il a devant lui ; elle occupe un vaste plateau près de Custrin, dont elle fait le siége. Frédéric ne l'aborde pas d'abord, de peur d'être rejeté loin de Custrin, qui forme sa ligne de retraite : il la contourne et se place entre elle et la ville. Il marche sur trois colonnes parallèles ; les deux premières d'infanterie, la troisième de cavalerie, avec une forte avant-garde prête à se former en

---

(*) Général GUILLAUME. — *Histoire des Régiments Nationaux Belges* pendant la guerre de sept ans.

bataille par un simple à-droite. La direction qu'il donne à ses têtes de colonne est telle, qu'il pousse sa gauche en avant, prenant, en un mot, ce fameux ordre oblique, qu'il employa si souvent.

La plus grande partie de sa cavalerie, formant l'avant-garde, est portée à sa gauche, sur une seule ligne ; les hussards forment la deuxième ; toute cette masse est sous les ordres de Seidlitz, dont le nom seul fait époque dans les annales de la cavalerie.

L'infanterie de l'avant-garde et de l'aile gauche attaque les hauteurs ; elle est repoussée par les Russes, qui descendent dans la plaine, suivis de leur cavalerie. Seidlitz s'élance alors sur la cavalerie opposée, la met en déroute, attaque l'infanterie et la force à regagner ses positions. Cependant Frédéric, après s'être fort avancé à sa droite, avait été contraint par la solidité des Russes et par le feu de leur artillerie à se retirer précipitamment : son aile droite est déjà séparée du centre, quand Seidlitz s'aperçoit du danger, et s'élance dans l'intervalle de la ligne de bataille avec presque tous ses escadrons. Il refoule les Russes, les met en déroute, et bientôt la bataille est gagnée.

Il y a là, à nos yeux, un emploi habile et vigoureux de la cavalerie, qui nous semble bon à méditer.

Voilà, Messieurs, cette longue et glorieuse époque de Frédéric : pour la résumer, nous dirons les progrès qu'il avait fait faire à l'arme qui nous occupe, progrès incessants dont la trace subsiste encore.

Et d'abord, un mot sur l'organisation de cette arme : le régiment était à 5 escadrons, sauf les dragons qui en comptaient 10. L'escadron était divisé en 4 pelotons; les mouvements de flanc se faisaient par 4, bien qu'il y eût 3 rangs de profondeur. 2 régiments formaient une brigade : un certain nombre de celles-ci, composaient ces corps de cavalerie commandés par les Schwérin, les Ziethen, les Seidlitz, qui jetèrent sur notre arme un si vif éclat.

Quant aux innovations que Fréderic apporta dans la tactique de la cavalerie, elles sont nombreuses. Il voulut qu'elle se servit de l'arme blanche, et que la vitesse fût sa condition essentielle. Il inaugura l'emploi de la réserve, imagina les attaques combinées de front et de flanc; enfin, il modifia la place de bataille suivant la nature du terrain.

Frédéric nous a laissé les instructions qu'il donnait à sa cavalerie : qu'on nous permette d'en résumer quelques points.

Sur le terrain, on forme la 1re ligne de cavalerie dans le prolongement de la 1re ligne d'infanterie, avec 10 pas d'intervalle entre les escadrons. La 2me ligne est à 300 mètres en arrière, ave des intervalles de 16 pas. En 3e ligne, on place 2 régiments de hussards formés en colonne.

Quand on se trouve dans une plaine qui n'offre pas de points d'appui pour les ailes de la cavalerie, le roi de Prusse recommande de les soutenir avec de l'infanterie et du canon pour leur permettre de se rallier sous les feu.

Frédéric veut aussi que la cavalerie soit assez loin du feu pour n'en pas souffrir, afin d'avoir des troupes fraîches au moment de l'attaque. Il prescrit aussi de mener les charges à fond, aussi loin que possible, sans s'inquiéter du ralliement, pour ne pas laisser à l'ennemi le temps de se reformer. Jamais il ne faut permettre que l'ennemi se rallie; tout officier doit s'y opposer énergiquement, même sans attendre d'ordres.

Tels sont les grands enseignements de cette longue période; c'est d'elle que datent les principes tactiques que les guerres modernes seules devaient modifier.

Pendant que se perfectionnait ainsi la cavalerie allemande, que devenait cette arme en France? Elle était restée ce qu'elle était au temps de Louis XIV, sous l'empire des anciens principes : elle se plaçait aux ailes et combattait par des décharges de mousquetterie d'abord, à l'arme blanche ensuite; enfin, on suivait encore tous les vieux errements.

Cependant, la cavalerie française était plus brillante dans les opérations de petite guerre : les généraux recommandaient de l'y exercer, et le maréchal de Saxe particulièrement. «Il faut, disait-il,

que la cavalerie soit leste, qu'elle soit montée
sur des chevaux rendus propres à la fatigue, qu'elle
ait peu d'équipages... » Et plus loin : « On ne doit
pas se contenter de manœuvrer une fois tous les
trois ans, avec une lenteur extrême, de peur que
ces pauvres chevaux ne suent. Tout escadron qui
ne peut pas charger 2,000 pas (1,400 mètres) à
toutes jambes, sans se rompre, n'est jamais propre
à la guerre : la cavalerie prussienne peut le faire
facilement. » Enfin, le maréchal termine par ce
conseil : « Pendant la paix, fatiguez vos hommes et
vos chevaux : ce n'est qu'en campagne qu'il faut les
ménager. »

Le maréchal de Saxe blâmait aussi l'ordre de
bataille habituel, où il ne voyait pas l'appui
réciproque que les différentes armes devaient se
prêter ; il attaque enfin l'organisation de la cavalerie française.

Cette organisation était, en effet, défectueuse.

Les régiments étaient réunis en brigade sous le
commandement d'un mestre de camp, et en division sous celui d'un lieutenant-général. Ces
divisions étaient indépendantes les unes des autres,
sous les ordres directs d'un général en chef.

La proportion pour laquelle la cavalerie entrait
dans la composition de l'armée était beaucoup
plus forte qu'aujourd'hui : Guibert, qui fait auto-
rité dans la matière, trouvait cet ordre de choses
mauvais. « La cavalerie, disait-il, doit être plutôt

bonne que nombreuse. » Il s'éleva aussi contre l'usage habituel du mousquet, et en fit diminuer l'action. Enfin, les guerres de Prusse ayant ouvert les yeux des hommes spéciaux en France, le comte de Saint-Germain, ministre de la guerre, fit publier, en 1777, les premiers règlements sur les manœuvres de cavalerie, règlements presque entièrement copiés sur ce qui se faisait en Prusse.

Une première instruction provisoire parut en 1777; les mouvements de flanc s'y faisaient par trois; mais bientôt on adopta le mouvement par quatre, tandis que les Prussiens en arrivaient au mouvement par trois.

En 1788, parut l'ordonnance du comte de Brienne, qui remplace l'instruction provisoire de 1777.

Elle comprend : 1° une école du cavalier ; 2° une école de l'escadron ; 3° évolutions de plusieurs régiments.

D'après cette ordonnance, l'escadron formé sur deux rangs doit compter 40 à 48 files : les hommes en plus, placés à 20 pas, forment la réserve. L'escadron étant en colonne, la réserve se place sur le flanc. C'est elle qui fournit les tirailleurs ; parfois aussi, mais bien rarement, elle est mise en ligne au centre de l'escadron en bataille.

Les charges contre la cavalerie s'exécutent en ordre déployé ; les charges contre l'infanterie se font en colonne.

S'il s'agit d'une brigade de 2 régiments, le 1ᵉʳ se forme en colonne serrée ; le 2ᵈ se place en bataille en arrière ; dès que le 1ᵉʳ se met en mouvement, le 2ᵈ se forme en colonne serrée, pour être prêt à continuer la charge. Le galop doit être pris à 160 mètres environ de l'ennemi ; mais contre la cavalerie, il est préférable de se lancer à une distance moindre.

Dans cette instruction, il n'est pas question de changements de front.

Cette ordonnance de 1788 détermine les principes qui régissent la cavalerie jusque pendant les premières campagnes de la République et du Consulat ; mais à cette époque la proportion de cette arme avait beaucoup diminué par l'émigration de presque toute la noblesse de France.

L'adoption du système divisionnaire diminua aussi l'effectif de la cavalerie ; chaque division en possédait une brigade de deux régiments. On n'avait pas de réserve générale pour l'armée ; cependant Bonaparte dut parfois, pour donner de l'efficacité à ses réserves, détacher de la cavalerie des divisions. De son côté, Hoche réunit la cavalerie en divisions spéciales destinées à agir d'une manière indépendante.

Le système des divisions tuait la tactique que nous avons vu triompher avec Frédéric : il ne pouvait plus être question de masser la cavalerie sur les ailes ; il fallait, cette fois, appliquer le principe énoncé par le maréchal de Saxe, touchant l'appui que doivent se prêter les différentes armes. Ce sont les applications de ce principe que nous allons étudier, en suivant sur les champs de bataille l'homme étonnant qui devait bientôt changer son nom de Bonaparte contre celui de Napoléon.

En Égypte, et dans les premières campagnes d'Italie, la cavalerie ne joue qu'un rôle fort secondaire ; on peut donc, sans s'y arrêter, arriver à la compagne de 1800.

L'armée de réserve, avec laquelle Bonaparte allait opérer, ne pouvait, à cause du secret de sa formation, contenir beaucoup de cavalerie ; on ne pouvait non plus songer à engager beaucoup de troupes à cheval dans le passage du St-Bernard.

Aussi, le premier Consul n'avait-il qu'une division de 4 régiments sous les ordres de Kellermann.

A Marengo, Bonaparte poste sa division de cavalerie derrière le centre ; il couvre le flanc de sa droite par une brigade. La cavalerie autrichienne passe un ruisseau marécageux, et attaque l'aile droite ; Kellermann y porte sa division et rejette l'ennemi dans le marais. Sur ces entrefaites, c'est la gauche que les Autrichiens entament. Kellermann s'élance, prend en flanc l'ennemi, que l'infanterie attaque en tête ; cela fait, il charge la cavalerie, qui appuyait le mouvement, et la met en déroute.

On le voit, nous sommes loin déjà des règles
formalistes de Frédéric. On sent que l'avenir est
dans l'union des différentes armes : bientôt, en
effet, nous verrons intervenir puissamment l'artillerie, qui prendra une place prépondérante.

Le succès dû à l'énergie de la cavalerie à Marengo,
fit comprendre bien vite au premier Consul le parti
qu'il pouvait en tirer ; aussi, il en augmenta
l'effectif, et fit rédiger pour elle le règlement de
1804 (an XIII), que nous allons étudier.

Ce règlement comprend :

1° L'école du cavalier ; 2° l'école d'escadron ;
3° l'école de régiment ; 4° les évolutions de
ligne.

L'école de régiment comportait 18 évolutions,
au lieu de 12, que comprenait le règlement français
il y a quelques années. On avait supprimé, entre
autres, la *retraite en échiquier* ; elle s'exécutait par
demi-escadron, les demi-escadrons de droite
restant face en tête, tandis que ceux de gauche se
portaient à 200 pas en arrière ; dès que ceux-ci
étaient placés, les demi-escadrons de droite se
formaient à 200 pas en arrière, et la manœuvre se
continuait ainsi successivement.

Dans les évolutions de ligne, la *retraite en échiquier* s'exécutait par escadrons. Pour le reste, le
règlement de 1804 ne différait guère de celui de
1829 ; c'est le règlement de 1804 qui régit la
cavalerie pendant les guerres de l'Empire

La période impériale est glorieuse pour la cavalerie : nous allons examiner l'organisation, et la tactique de cette arme pendant cette époque.

Dès l'abord, l'Empereur en augmente l'effectif; il la divise en : grosse cavalerie (carabiniers, cuirassiers), en cavalerie de ligne (dragons, lanciers) et en cavalerie légère (hussards, chasseurs, guides).

La grosse cavalerie et la cavalerie de ligne constituaient les réserves; la cavalerie légère était distribuée dans les divisions. Dans la campagne de 1805, la cavalerie de la grande armée est répartie d'après ces principes. A chaque corps d'armée, on trouve une division de 2, 3 ou 4 régiments.

En outre, il y avait une réserve générale commandée par Murat, comprenant 2 divisions de cuirassiers et 4 de dragons.

A mesure que l'effectif des armées augmente, et que le nombre des corps d'armée s'accroît, la réserve prend de plus grandes proportions. Elle se subdivise en divers corps, placés sous des chefs directs, mais qui obéissent à la direction générale de la réserve.

En 1812, c'est encore Murat qui commande la réserve, composée de 4 corps de grosse cavalerie, et de 4 brigades de cavalerie légère.

En 1813, les désastres de la campagne de Russie ont diminué la cavalerie : elle conserve toutefois son ancienne organisation, avec cette différence, que les divisions sont plus faibles, Cet état de choses se maintient dans les campagnes de 1814 et 1815.

La proportion de la cavalerie a donc sensiblement varié sous l'Empire; heureusement, Napoléon a pris soin de consigner ses opinions à ce sujet :

« Dans une armée qui opère en Allemagne, dit-il, la cavalerie doit compter pour un quart de l'effectif total ;

« En Espagne et en Italie pour 1/6 ;

« Sur les Pyrénées et les Alpes pour 1/10. »

Il eût voulu aussi former une cavalerie spéciale d'éclaireurs, dont il appréciait toute l'importance dans le service d'escortes, de fourrages, d'avant-postes.

Enfin, il admet qu'une partie de la cavalerie soit armée de fusils; pour combattre à pied, et suppléer l'infanterie là où elle n'aurait pas eu le temps d'arriver.

Si l'on examine la question au point de vue stratégique, on ne voit presque jamais Napoléon confier avec succès à la cavalerie seule une opération d'où dépend la réussite d'une de ses combinaisons. Ainsi, Murat, qui devait, en 1805, surprendre le passage du Danube à Donawerth, échoue et doit attendre l'arrivée de Soult; dans la même campagne, il s'avance aventurément sur la rive droite du fleuve, et compromet le corps du maréchal Mortier.

Ces résultats étaient peu faits pour encourager l'Empereur à une grande confiance dans l'emploi isolé de la cavalerie. Aussi, ne l'emploie-t-il guère qu'avec l'appui de l'infanterie. Dans les marches, pourtant, elle précède souvent les colonnes de plus de 24 heures; dans les poursuites, elle n'attend pas l'infanterie pour s'élancer et achever l'œuvre commencée. Mais, et ceci constitue une notable différence avec ce qui se passait du temps de Frédéric, Napoléon n'exécute avec la cavalerie seule aucune de ces opérations qui peuvent avoir une influence décisive sur les résultats d'une campagne. N'a-t-il pas, en effet, érigé en principe que les trois armes ne sont fortes qu'en se combinant entre elles?

Quant à la position à assigner à la cavalerie sur le champ de bataille et à l'emploi qui doit en être fait, Napoléon ne suit pas de règle fixe; tout dépend du terrain, du but qu'on se propose, et de l'ennemi qu'on a devant soi. Il importe donc de faire ici ce que nous avons fait déjà pour Frédéric, c'est-à-dire passer en revue les principales batailles, et y étudier le rôle de la cavalerie.

Commençons par Austerlitz : laissons de côté les détails de la journée, pour ne nous occuper que du plateau de Pratzen, où va se passer l'action qui nous intéresse. Lannes défend ce plateau : il a deux divisions d'infanterie (Suchet et Caffarelli); il a de plus la réserve de cavalerie tout entière, massée au centre et à gauche, tandis qu'à droite, et en

première ligne, se trouvent les dragons de Kellermann.

A peine l'action est-elle engagée sur le plateau,
que la cavalerie autrichienne se prépare à charger :
Kellermann, qui est en première ligne, se retire par
les intervalles de l'infanterie, et se forme sur la
droite de Caffarelli. La charge est reçue solidement
par l'infanterie, tandis que Kellermann la prend en
flanc et la met en déroute.

Lannes fait alors obliquer ses divisions, l'une à
droite, l'autre à gauche; Murat lance ses cuirassiers
entre les deux divisions sur les cavaliers autrichiens,
qu'il enfonce, et pousse l'ennemi jusque sur la
route d'Olmütz, pendant que les dragons balaient
tout le plateau

A Iéna, les divisions de cavalerie légère se pla-
cent derrière les corps auxquels elles appartiennent
pour y rester à la disposition des commandants;
la réserve avait reçu l'ordre de venir se poster en
arrière, mais Murat, voyant la cavalerie ennemie
arrêter le mouvement en avant des Français, se
lança sur ces dernières réserves prussiennes, et les
balaya. La poursuite fut faite avec une rapidité
et une énergie sans exemple, par la cavalerie légère.

A Eylau, la réserve de la cavalerie est formée
sur le derrière, sur deux lignes, sauf une division
de dragons qui appuie l'infanterie de Saint-Hilaire.
Au moment où les Russes menacent d'enfoncer le
centre, Murat dispose 80 escadrons en colonne par

brigades, et les lance en avant. Les premières brigades sont repoussées, mais enfin une d'elles parvient à ouvrir une brèche où se jette la cavalerie française, qui disperse l'ennemi.

Dans la campagne de 1809, le combat d'Eckmühl ne fut gagné que grâce à l'arrivée de l'Empereur avec la réserve de cavalerie : la cavalerie autrichienne lutta glorieusement et se dévoua pour empêcher que la retraite des siens ne se tranformat en déroute.

Aux deux journées d'Essling, ce fut la cavalerie française qui sauva l'honneur du drapeau.

Le premier jour, trois divisions de cavalerie étaient seules au centre, dégarni d'infanterie ; tout l'effort de l'ennemi se concentra sur ce point : mais les cuirassiers chargèrent les Autrichiens et repoussèrent plusieurs attaques.

Le lendemain, les forces françaises s'étant accrues, le centre est pourvu d'infanterie et la cavalerie est en 2me ligne. Lannes prend l'offensive, et va peut-être réussir, quand une soudaine rupture des ponts du Danube force les Français à la retraite. On se replie sur Essling; l'armée autrichienne cherche à reprendre alors l'offensive : le centre la reçoit par un feu soutenu, et les cuirassiers la chargent à diverses reprises, tandis que les hussards prennent l'ennemi en flanc : c'est ainsi que la cavalerie protège la retraite et sauve l'armée française

La cavalerie ne fit pas de charge d'ensemble à la

bataille de la Moskowa; elle était en deuxième ligne, en arrière des positions occupées par l'infanterie, dont elle soutenait les efforts avec succès.

La guerre de Russie fut fatale à la cavalerie française : au début de la campagne de 1813, l'Empereur n'avait presque plus de troupes à cheval ; aussi ne put-il remporter de bien décisifs succès, impuissant qu'il était à poursuivre l'ennemi et à empêcher celui-ci de reprendre sa ligne de retraite.

Utile enseignement, que les adversaires de la cavalerie feraient bien de méditer.

Nous arrivons au dernier épisode de la période impériale, à la journée de Waterloo. L'armée française était formée en trois lignes. L'infanterie occupait le centre; à gauche de la 1re ligne, se déployait la cavalerie légère, appuyée à la chaussée de Nivelles, à Mont-Saint-Jean; à droite, mêmes dispositions. La 2e ligne d'infanterie avait à gauche les cuirassiers de Kellermann; à droite, 2 divisions de cavalerie légère, et les cuirassiers du général Milhaud. En 3e ligne, venait la garde impériale, ayant au centre l'infanterie, à gauche la grosse cavalerie, et à droite une division de cavalerie légère.

Le combat s'engage, l'armée française ne peut réussir à enlever le plateau de Mont-Saint-Jean. Deux charges des cuirassiers de Milhaud et de la division légère de la garde se brisent contre la solidité des bataillons ennemis,

A Blücher, qui menace sa droite, l'Empereur oppose Domon et Subervic avec leurs divisions de cavalerie; il sent la nécessité d'être maître du plateau pour empêcher la jonction des alliés, et Ney tente un suprême effort avec les cuirassiers de Kellermann, que suit toute la grosse cavalerie de la garde. Leur tentative est vaine; mais, dès lors, l'Empereur n'a plus de réserves; les alliés inondent le plateau de leur cavalerie, à laquelle les Français n'ont plus rien à opposer; l'armée impériale est en déroute, la bataille est perdue!

Sans cavalerie, nous l'avons vu, l'Empereur avait été impuissant à profiter des succès; sans cavalerie il ne peut, ici, couvrir sa retraite, tant le rôle de cette arme est considérable dans le combat!

De cet exposé des faits de guerre les plus saillants de l'Empire, on peut tirer plusieurs conclusions. La première, c'est que toute charge de cavalerie a été préparée par des attaques d'infanterie. La deuxième, c'est qu'une charge a presque toujours eu pour but d'arrêter un mouvement menaçant, ou de briser la résistance sur le point d'attaque. Enfin, la cavalerie victorieuse a toujours été appuyée par l'infanterie, qui seule peut occuper efficacement une position conquise. Au résumé la cavalerie était, dans les mains du grand capitaine, une sorte de coin qu'il cherchait à faire entrer dans la trouée préparée par le feu.

Cependant, quand la cavalerie fut devenue

moins nombreuse, et qu'il fallut la ménager davantage, on ne fit plus charger en colonne, par régiments ou par brigades, on en revint aux petites attaques combinées de front et de flanc.

Quant à la place de bataille que l'Empereur assignait à la cavalerie, il n'avait pas de règle absolue à cet égard ; cependant, il semble avoir agi d'après les principes suivants : la cavalerie légère aux ailes, en arrière des corps d'armée auxquels elle appartenait. En 2° ligne, et souvent au centre, la cavalerie de réserve. En 3° ligne, la cavalerie de la garde, à côté de son infanterie. Mais cet ordre était ensuite modifié suivant les exigences de la lutte.

Après l'Empire, l'effectif des armées diminue ; on étudie cependant les questions militaires, et, en 1829, on publie un nouveau règlement sur la cavalerie. Il ne diffère pas sensiblement de celui de 1804 ; on peut toutefois lui reprocher d'être fort détaillé, de sembler fait plutôt en vue du terrain de manœuvre que du champ de bataille. Il n'y est presque pas parlé de la charge, et pas du tout du ralliement qui la suit toujours. Il n'y est pas question non plus de réserves que toute troupe à cheval doit toujours se ménager en attaquant ; et il faut attendre jusqu'en 1832, que le règlement de service en campagne fixe quelque chose à cet égard. Il recommande de conserver en réserve le tiers des escadrons, soit en colonnes, soit en échelons, cette disposition lui semble préférable à celle d'une seconde ligne.

La place de bataille de la cavalerie est également fixée par le service de campagne : elle doit être répartie en échelons sur les ailes ou au centre, mais toujours à portée du point ou elle doit agir, et autant que possible à l'abri du feu.

Le système divisionnaire est appliqué à l'organisation de la cavalerie : mais on peut aussi former des divisions mixtes d'infanterie et de cavalerie, quand le besoin s'en fait sentir. La cavalerie de réserve fait partie de la réserve de l'armée, sous les ordres du commandant en chef.

Voilà les principes qui ont régi la cavalerie française jusqu'à nos jours : c'est avec la vieille tactique de Frédéric et avec les errements de l'Empire, qu'elle est entrée en ligne devant une infanterie qui la couvrait de feux à 1,000 mètres, devant une artillerie dont les boulets la décimaient à plus de 3 kilomètres !

Pour compléter la revue de cette longue période, il est intéressant de connaître l'opinion d'un des plus grands écrivains militaires sur la question qui nous occupe : nous voulons parler de Jomini.

La cavalerie, d'après lui ; doit entrer pour 1/6 dans l'effectif d'une armée, il voudrait voir le 1er rang armé de lances, et le 2^{d} de sabres. Dans la question si controversée de l'ordre parallèle ou de l'ordre perpendiculaire, Jomini se prononce pour ce dernier. Il veut que les régiments de la 1re brigade étant placés sur 2 lignes, ceux de la 2^{de}

prennent une position identique à gauche de la 1re
brigade : le général, placé entre les deux, tient
mieux ainsi sa troupe sous la main, tandis que dans
l'ordre parallèle, il doit déléguer à un autre général la tâche de veiller sur la 1re ligne, et de lui
porter secours au besoin.

Jomini admet 4 charges : 1° en colonne; 2° en
ligne déployée, au trot; 3° en ligne déployée, au
galop; 4° en fourrageurs. Il se prononce pour la
charge au trot, parce que les escadrons conservent
plus de cohésion, contrairement à l'opinion de
Frédéric et de Napoléon.

Il signale aussi le danger qu'il y a à faire atta-
quer une ligne en bon ordre par la cavalerie seule,
et constate qu'une charge contre des carrés non
entamés échoue presque toujours. Il admet que
dans toute charge, surtout de cavalerie contre cavalerie, le premier effort ne fait que préparer le succès
qui doit être achevé par des attaques successives;
il prescrit, comme indispensable, le ralliement
après l'attaque, ralliement qui devra se faire en
arrière ou sur les flancs. Ici, le grand écrivain est
d'accord avec le grand capitaine, Jomini se ren-
contre avec Napoléon.

Depuis 1829, rien n'avait été changé en France
aux règlements de la cavalerie : deux grandes guerres avaient eu lieu : l'une ne fut qu'un long siège,
où la cavalerie n'eut point de part, l'autre se livra
dans un pays ou l'emploi de cette arme était trop

restreint pour montrer l'insuffisance de l'organisation. Il était réservé à la dernière guerre d'ouvrir
enfin, et de force, les yeux à la France sur l'infé-
riorité de sa cavalerie.

Cependant, tandis que la France s'endormait
ainsi, il se passait en Amérique, et plus tard en
Bohême, des faits importants, et qui, mieux étu-
diés, auraient dû faire prévoir la tranformation de
la tactique de la cavalerie; ce sont ces faits que
nous allons examiner.

Lorsque la guerre éclata entre le Nord et le Sud,
la petite armée permanente des États-Unis se
divisa : si bien, que tout fut à créer dans les deux
pays. Dans le Nord, où l'on voulait faire la guerre
sans dépenser trop d'argent, problème difficile, on
créa peu de cavalerie. C'est, du reste, une arme qui
ne s'improvise pas, et l'on n'avait ni officiers ni
chevaux pour en organiser. Le peu de cavalerie
qu'on avait était en grande partie attachée aux
corps d'infanterie : elle ne manœuvrait pas sur le
champ de bataille, et se contentait de charger en
fourrageurs. Cette cavalerie du Nord fut presque
entièrement détruite, la seconde année, dans une
charge maladroite à la bataille des *Sept jours*.

Avec le revers, le patriotisme grandit : le Nord
organise une nouvelle cavalerie, avec soin cette fois,
et donne une grande importance à son effectif. Elle
est commandée d'abord par le général Stoneman,
ensuite par Pleasanton, et enfin par Sheridan,

devenu le bras droit du général Grant. La dernière
année de cette lutte gigantesque, nous voyons
le Nord compter, dans ses armées 35,000 cavaliers !

La cavalerie du Sud, organisée de la même
manière, et aussi peu manœuvrière que celle du
Nord, mais plus entreprenante, commence les
opérations par une de ces incursions dans le territoire ennemi, qui sont devenues célèbres sous le
nom de *raids*.

C'était en automne 1862, le général Mac Clellan
venait de gagner la bataille de Harpers-Ferry, et
avait forcé l'armée du Sud à évacuer ses positions
du Potomac. C'est alors que Stuart, qui commande
la cavalerie du Sud, entreprend une rapide
incursion sur les flancs et sur les derrières du
vainqueur. Il franchit le Potomac, qu'il suit un
instant, puis il change de direction pour se dérober
à l'ennemi. Mac Clellan envoie à sa poursuite sa
cavalerie, qui doit lui couper sa retraite. Mais
Stuart a compris qu'il ne peut revenir par le même
chemin, il oblique à droite, et se dirige vers
Chambersburg. Sur son passage, il enlève les
convois, il détruit le chemin de fer de Baltimore à
Philadelphie, et coupe le télégraphe. Il revient
vers le Sud par Barnesville, sèmant partout la
terreur et la destruction. Il repasse ensuite le
Potomac et rejoint enfin l'armée de Lee. Ce *raid*
n'avait duré que trois jours, pendant lesquels

Stuart avait parcouru 240 kilomètres. Washington, la capitale du Nord, avait été menacée, et l'armée de Mac Clellan avait été forcée de faire un brusque mouvement en arrière.

La terreur causée par cette incursion avait été si grande, que le Nord s'empressa d'imiter cette habile tactique. Le 27 avril de l'année suivante, le général Stoneman quitte Warrenton, passe le Rappahanok, et entre sur le territoire ennemi. Une colonne se dirige vers Orange-City, le long du chemin de fer de Washington et de Baltimore. Les autres divisions marchent vers le Sud, en se divisant suivant les nécessités du pays. L'une d'elles, envoyée à Colombia, détruit un canal, des ponts, des acqueducs et les magasins ennemis, tandis que d'autres anéantissent plusieurs kilomètres des voies ferrées qui rayonnent autour de Richmond. Enfin, le général Kilpatrick, avec une division, s'avance jusqu'au milieu des ouvrages avancés de Richmond, et sème la terreur dans la capitale du Sud. Poursuivi et coupé de sa ligne de retraite, Kilpatrick prend vivement le parti de pousser vers le Sud et de rejoindre l'armée de Butler, qui menace Richmond par le Sud : il avait fait 400 kilomètres en 10 jours. Cependant, Stoneman est prévenu que l'on envoie contre lui des forces considérables. Il rallie ses diverses divisions et se retire sur Washington, après s'être maintenu 14 jours en pays ennemi et lui avoir fait un mal incalculable, sans avoir lui-même éprouvé de pertes sérieuses.

On peut encore citer le *raid* du général Morgan, qui, avec 900 hommes, tint 24 jours le pays ennemi, terrifia 17 villes et détruisit pour plus de 200 millions de matériel et de magasins. L'année suivante, une nouvelle incursion lui réussit mal; il fut cerné et fait prisonnier, malgré la rapidité de sa course : il avait fait jusqu'à 100 kilomètres par jour pour échapper à l'ennemi.

C'est à ces incursions que se borna à peu près le rôle de la cavalerie dans la guerre de la Sécession : trop peu manœuvrière pour être bien utile sur le champ de bataille, on ne s'en servait que comme d'un corps mobile, agissant au loin et isolément.

Parmi les causes qui ont empêché l'action de la cavalerie américaine sur les champs de bataille pendant la guerre de la Sécession il en est une qui n'est peut-être pas la moins importante. Elle dépend du mode de clôture adopté dans les États-Unis pour les différentes cultures. Dans ce pays en effet, pour des raisons économiques qu'il serait trop long d'expliquer ici, les divers champs d'une même propriété sont entourés de hautes clôtures en bois refendus et superposés par assises alternes placées en zigzag, en sorte qu'il y a impossibilité matérielle de faire parcourir ces champs par des troupes à cheval qui ne peuvent se mouvoir que sur les routes Ce n'est donc que dans le cas où l'infanterie ou l'artillerie aurait renversé ces obstacles que la cavalerie pourrait être utilisée pour les combats en ligne dans ces contrées.

Excepté dans les grandes prairies de l'Ouest où la guerre n'a pas été portée, les terres non encore cultivées et entourées de *fences* sont occupées par de grands bois de haute futaie où les lignes de cavalerie seraient naturellement brisées. Ces conditions se retrouvaient dans presque toutes les localités où les belligérants sont entrés en lutte.

Les traditions de la guerre des Indiens sont venues y ajouter l'emploi d'une arme à feu pour des combats de postes et de surprises et en ont fait dans bien des cas une sorte d'infanterie à cheval. L'exemple de la cavalerie sous cette forme, à la bataille de Five-Forks (*) fut même très remar-

---

(*) Empruntons au colonel Ferd. Lecomte le récit de cette bataille de Five-Forks dont le sucès fut le signal de l'attaque des lignes de Petersburg et devait amener la fin de la guerre : « Le 28 mars 1865, dit le savant colonel suisse, le général Grant ordonnait au général Sheridan de mettre sa cavalerie en mouvement le lendemain d'aussi grand matin que possible. Le 5e corps, général Warren et le 2e, général Humphrey, recevaient le même ordre.

« Humphrey devait se rallier à la droite du 5e corps, après que celui-ci aurait atteint Dinviddie-Court-House.

quable. L'armement de la cavalerie américaine diffère considérablement de l'armement ordinaire : comme elle doit être souvent isolée et suppléer à l'infanterie, on l'arme de carabines à tir rapide, et d'une grande portée, et de révolvers à sept coups (Le revolver se place dans un étui fixé au ceinturon un peu arrière de la hanche droite); elle est munie

---

Sheridan pouvait marcher par les chemins les plus près en arrière du 5ᵉ corps, passer à sa gauche, passer près ou à travers de Dinviddie-Court-House, et atteindre aussitôt que possible la droite et les revers de l'ennemi.

« Le 29 à la nuit la cavalerie de Sheridan atteignit Dinviddie.

« La ligne fédérale était alors étendue de la droite, à l'Appomatox, jusqu'à la gauche, à Dinviddie-Court-House, sur une longueur d'une vingtaine de milles au moins, les corps étant placés dans l'ordre suivant de droite à gauche : Parke, Wright, Ord, Humphrey, Warren, Sheridan.

« Le général Grant qui avait couru sur la gauche avec Sheridan ordonna à celui-ci de tourner la droite ennemie et même d'arriver sur ses revers.

« Il l'avertit aussi qu'il lui laissait pleine latitude d'agir à sa guise, pourvu qu'il restat attaché à l'armée.

« La pluie qui tomba par torrent pendant toute la nuit du 29 au 30 mars n'empêcha pas la cavalerie, faite aux boues, de continuer son mouvement. Elle se porta sur Five-Forks (à 15 milles de Petersburg et à 6 milles de Dinviddie-Court-House), où elle rencontra l'ennemi en forces. Tout le corps du général Hill y était concentré, avec de l'artillerie derrière des épaulements.

aussi d'une artillerie nombreuse, mais légère et aussi mobile qu'elle-même.

Voilà ce qu'est la cavalerie dans la guerre américaine; c'est un emploi nouveau de cette arme que nous venons d'examiner, et nous verrons bientôt les Prussiens, dans la campagne de 1870, profiter de cet enseignement.

« Le 31 au soir pendant que Warren prenait possession de la route de White-Oak, Sheridan, plus à gauche, s'était emparé de Five-Forks après un faible combat contre une portion des avant-postes de Hill, formée surtout par la cavalerie. Mais lorsque Hill en eut fini avec Warren, il revint en force sur Sheridan et le rejeta vers Dinviddie-Court-House avec pertes. Ici le général Sheridan se montra réellement digne de la haute confiance que plaçait en lui le lieutenant-général Grant, et il déploya des talents et une énergie au-dessus de l'ordinaire. Au lieu de battre en retraite avec tout son gros sur l'armée principale pour y raconter l'histoire banale des forces supérieures rencontrées et d'un urgent besoin de renforts, comme maints chefs de corps d'armée l'eussent fait à sa place, Sheridan fit mettre pied à terre à la plus grande partie de sa cavalerie, et la déploya en tirailleurs et en lignes de bataille. Il ne garda d'hommes montés que ceux nécessaires pour tenir les chevaux et un régiment de réserve pour quelque utile charge dans l'occasion. Les carabines Spencer de ses cavaliers à pied firent des prodiges, et le général Hill se trouva bientôt arrêté.

« Au moment où il avait dû commencer à se replier, Sheridan avait avisé le général Grant de l'état des choses,

Arrivons maintenant aux évènements militaires de 1866, et examinons-les au point de vue de la cavalerie. Les forces prussiennes se composaient de la 1re armée, qui pénétra en Bohême par le Nord, et de la 2e armée. qui y entra par les défilés de Braunau. Elles comprenaient un certain nombre de corps et de divisions d'infanterie. A chaque divi-

---

lui mentionnant que, quoique serré de près, il ne battait et ne battrait en retraite que lentement sur Dinviddie-Court-House.

« Dans la nuit du 31 mars au 1er avril, des troupes raillièrent celles du général Sheridan; et celui-ci, le samedi 1er avril au matin, reprit l'offensive, toute la journée on se battit, les confédérés défendant le terrain pied à pied. Enfin vers le soir ils furent rejetés sur leurs ouvrages de Five-Forks, où brusquement assaillis, il ne combattirent plus qu'avec nonchalance et découragement. Des centaines d'entre-eux posèrent les armes à première sommation. Les ouvrages furent capturés, avec 18 canons et 5 à 6 mille prisonniers.

« Le 3 avril, de grand matin, les premiers soldats fédéraux entraient à Richmond. Pendant ce temps les troupes confédérées avaient évacué Petersburg, et successivement leurs derniers retranchements.

« Les fédéraux commencèrent la poursuite avec ardeur et et agilité. Cette fois Sheridan, loin de mettre sa cavalerie à à pied, fit monter à cheval toute l'infanterie qu'il put, et, par ordre du général Grant, il s'élança, le 3 déjà de grand matin, sur les trousses de Lee qu'il devança sur la route de Linchburg. »

sion était adjoint un régiment de cavalerie. La réserve de la 1re armée comptait 2 divisions de cavalerie formant 5 brigades. Dans la 2e armée, tous les corps avaient leur réserve spéciale ; comme réserve générale une division de 3 brigades.

Dans l'armée autrichienne, un seul régiment était attaché à chaque corps d'armée ; le reste de la cavalerie formait 5 divisions. Le défaut de cette organisation réside dans la difficulté pour le général en chef de détacher à temps des régiments ou des brigades près des corps d'armée engagés. On le vit bientôt dans les combats livrés contre la 2e armée prussienne. Dans les cambats livrés avant Sadowa, la cavalerie entre pour peu de choses dans le succès : à Skalitz toutefois, c'est une manœuvre de grosse cavalerie qui détermine l'occupation par Steinmetz des défilés défendus par les Autrichiens. Mais hâtons-nous d'arriver à cette fameuse journée de Sadowa, et d'apprécier le rôle qu'y joua la cavalerie

L'armée autrichienne formait autour de Königgrätz un vaste demi-cercle : le centre de la position était la route de cette ville à Gitschin. A l'extrême gauche, se trouvaient la cavalerie saxonne et la première division de cavalerie légère, avec mission de couvrir les lignes de retraite. A l'extrême droite, la deuxième division de cavalerie légère surveillait les bords de l'Elbe. Les trois divisions de grosse cavalerie étaient en arrière du centre.

Du côté des Prussiens, la première armée seule était en position; elle avait sa droite à Néchanitz, et sa gauche à Bénatek. Au centre, près de Sadowa, le 2ᵉ corps engage l'action : il a sa réserve de cavalerie derrière lui; en même temps on rapproche le corps de cavalerie du prince Albert, et on le place à droite de la route qui forme le centre de l'action. Dans la deuxième armée, qui s'avançait rapidement, la cavalerie précédait les colonnes d'infanterie et éclairait leur marche.

L'action s'engage, les Prussiens attaquent l'aile droite des Saxons pour les séparer de l'armée autrichienne; mais leur cavalerie menace le flanc des Prussiens et paralyse ce mouvement. Partout, la première armée échoue dans son attaque, quand paraissent les premières divisions de la deuxième armée, précédées de leur cavalerie. La garde prussienne s'avance sans rencontrer d'obstacle; vainement, la grosse cavalerie autrichienne la charge, elle est reçue par les feux soutenus de fusils à tir rapide, et repoussée sans que l'ennemi se soit même formé en carré.

Quant à la deuxième division autrichienne de cavalerie légère, son commandant charge une brigade ennemie, l'attire dans un ravin, et l'y détruit; puis, craignant pour les ponts de l'Elbe, elle s'y porte et franchit le fleuve.

Nous ne dirons pas comment les Prussiens gagnèrent cette bataille; arrivons à la retraite des autrichiens et montrons combien l'action de leur cavalerie fut efficace.

Dès que le mouvement de retraite se dessine, la cavalerie prussienne s'avance, mais lentement, empêchée par une rivière sans ponts, la Bistritz; elle atteint enfin l'ennemi, et s'apprête à enlever plusieurs batteries, quand la grosse cavalerie autrichienne la charge et la refoule au loin. Toute la cavalerie de l'armée victorieuse est sur le champ de bataille, mais l'attitude énergique des bataillons lui impose. L'infanterie autrichienne a le temps de franchir l'Elbe et de se mettre à l'abri. Dans ces conditions, le roi de Prusse donne l'ordre à sa cavalerie de cesser le mouvement.

Tel est à peu près l'ensemble des faits qui nous intéressent dans la bataille de Sadowa. Du côté des Prussiens, nous voyons la cavalerie très-diversement employée. Dans la première armée, on ne cherche guère à s'en servir; dans la deuxième elle est très-intelligemment employée à éclairer la marche : il faut ajouter qu'elle échoue dans ses charges contre l'infanterie. Quant à la poursuite, elle est menée mollement, et l'ordre de la cesser est donné trop tôt.

Chez les Autrichiens, les corps d'armée n'ont avec eux qu'un régiment, ce qui ne suffit pas pour les éclairer; aussi, sont-ils surpris par l'arrivée de la deuxième armée. Cependant, la cavalerie légère était nombreuse; la faute avait été de la former par divisions et de la considérer comme réserve. Elle reste immobile jusqu'au moment de la retraite; et l'on peut croire, en voyant les résultats qu'on obtient d'elle en ce moment, qu'on eût pu en retirer de grands services pendant la bataille.

Après Sadowa, la cavalerie prussienne agit davantage; elle marche rapidement sur les lignes de communication de l'ennemi, détruit et occupe le chemin de fer de Vienne à Olmütz, et livre deux brillants combats qui ouvrent au prince Frédéric-Charles la route de Vienne.

Ici finit le passé; nous avons exposé les enseignements qu'il nous donne, mais peuvent-ils encore être mis en pratique? Nous n'avons pas la prétention de résoudre ce problème : bornons-nous à rechercher ce qu'on sera en droit désormais de demander à la cavalerie.

Et d'abord, posons en principe absolu que l'infanterie ne peut s'éclairer elle-même, et qu'elle doit le faire par une cavalerie qui lui est attachée. Dans les guerres futures, on n'opérera qu'avec de grandes masses : la cavalerie éclairera le front, assurera la nécessité des flancs de ces armées, et protégera les lignes de communication. Le système ancien d'avant-postes ne répond plus aux nécessités actuelles; et, pour s'éclairer, les armées devront adopter le mode que nous avons vu fonctionner avec tant de succès dans la guerre de Prusse. Quelques cavaliers sont lancés dans la campagne, par groupes, et poussent en avant des lignes de longues et audacieuses reconnaissances : ils viennent rendre compte dès qu'ils ont un renseignement important. Pour assurer la sécurité des communications, il faudra une cavalerie importante placée sous la main d'un chef, et qui pourra efficacement résister à une attaque. Détruire les communications de l'ennemi sera désormais aussi une des grandes préoccupations de la cavalerie ; enfin s'inspirant des *raids* de la guerre de la Sécession, elle manœuvrera au loin, sur les flancs et même sur les derrières de l'ennemi.

Sur le champ de bataille, son rôle sera modifié ; avec les masses énormes que l'on mettra désormais en ligne, la bataille sera une succession de combats partiels ; chaque corps devra donc avoir sa cavalerie. Il ne faut plus songer aux brillantes attaques contre une infanterie non ébranlée. La rapidité et la portée du tir rendent ces attaques inutiles ; le rôle de la cavalerie consistera en démonstrations pendant le combat, et en une poursuite vigoureuse dans les retraites.

Voilà, tel que nous le comprenons, le rôle nouveau de la cavalerie ; la guerre de 1870 confirme notre manière de voir. Nos éléments d'appréciation sont encore trop incomplets pour nous permettre l'étude détaillée des opérations de cette guerre ; mais, dès aujourd'hui, nous pouvons affirmer que l'emploi nouveau de notre arme est bien tel que nous venons de le définir ; la charge héroïque des cuirassiers, à Wœrth, prouve combien ces attaques contre l'infanterie en position sont inutiles. Cette charge marque, dit le capitaine Lahure, « la transformation qui s'accomplit dans la mission de la cavalerie. » L'emploi qu'on en a fait à Gravelotte, à Orléans et devant le Mans, montre dans l'armée allemande l'adoption d'un système nouveau, conforme aux opinions que nous venons d'émettre. Ce système, le lieutenant-colonel Courtin l'a parfaitement caractérisé. « Il consiste, comme il nous l'a dit, à couvrir d'un immense voile toute l'armée, à explorer le terrain en avant de son front et sur ses flancs, à signaler assez tôt les obstacles, pour que le corps principal puisse les éviter, observer l'ennemi, l'inquiéter, le harceler, le poursuivre, frapper des contributions, couper les lignes de chemins de fer et les fils télégraphiques. »

L'organisation des forces allemandes continue à justifier nos conclusions. A chaque division d'infanterie était adjoint un régiment de cavalerie ; et chaque corps d'armée avait une division de 4 ou 5 régiments ; ce qui, pour 13 corps d'armée, donnait un total de 76 régiments de cavalerie.

C'est ainsi que la Prusse s'est servie de sa cavalerie, et c'est ainsi, à peu de choses près, que nous comprenons le rôle futur de cette arme : mais, pour le remplir, se servira-t-on des anciennes formations, de la colonne serrée, autrefois la base des manœuvres de la cavalerie? Pour répondre à cette question, voyons ce qui s'est passé autour de nous, chez nous, même, depuis peu d'années.

Dès 1863, l'Autriche change la tactique de sa cavalerie; son règlement est frappant par sa simplicité et sa logique.

L'école de régiment, très-intéressante, repose sur les principes suivants : 1° la division forme, dans le régiment, l'unité tactique; 2° dans tous les mouvements successifs, les escadrons doublent l'allure sans commandement; 3° les formations en colonne ne se font qu'en avant de la ligne de bataille; 4° le changement de front est supprimé. Le règlement autrichien reconnaît trois ordres de bataille : 1° en ordre déployé; on ne l'emploie que pour la charge; 2° en ligne de colonnes; les escadrons sont en colonnes par pelotons; 3° en masse; même ordre que le précédent, mais avec un moindre intervalle. Le régiment constitue une réserve d'un escadron au moment de l'action.

Dans un régiment isolé, les commandements se feront par sonnerie; s'il fait partie d'une division, on devra énoncer les commandements, pour éviter toute erreur.

Les déploiements se font avec une grande simplicité et s'exécutent généralement aux allures vives. Les commandants d'escadron font seuls les commandements d'exécution; les officiers de peloton indiquent à leurs hommes la direction à suivre par un avertissement de la voix ou du geste.

Le règlement se termine par une longue instruction sur la charge et sur le ralliement.

Les brigades se composent de 2 régiments, si c'est de la cavalerie légère, de 3, si c'est de la grosse cavalerie. Encore un des 3 est-il de la cavalerie légère. Les régiments des brigades sont considérés comme les 2 divisions d'un régiment et opèrent suivant les principes de l'école de régiment.

Si l'on descend maintenant aux détails de l'école du cavalier, on y trouve plusieurs innovations. D'abord, on apprend au cavalier la voltige sur le cheval de bois, puis sur un cheval tranquille, tenu à la longe; alors seulement on le fait monter sur un cheval libre. Les séances ne sont que d'une demi-heure, mais répétées deux fois par jour. Pour donner de la vitesse aux chevaux et de l'habitude aux hommes, on les exerce fréquemment dans un quadrilatère d'une longueur de 1,200 mètres, un peloton y est exercé à la fois. On y dresse les chevaux et les cavaliers à soutenir longtemps les allures vives.

Tel est le règlement autrichien, qui, par sa clarté et sa méthode, semble devoir servir de type aux nouveaux essais, sauf quelques modifications.

Il est intéressant de voir ce qu'était, à l'époque où l'Autriche transformait sa cavalerie, le règlement prussien.

Il ne diffère du règlement français de 1829, que par une plus grande sobriété de détails. L'école du régiment prescrit de ne jamais former les escadrons par inversion, mais bien dans l'ordre direct. La colonne serrée est l'un des mouvements les plus employés ; on la forme par un mouvement de flanc. Les déploiements s'exécutent au contraire par peloton.

Dans la charge, on constitue à l'avance une réserve, formée des 3es pelotons, qui sortent du rang et se réunissent : les 4es pelotons sont conservés pour le service des tirailleurs.

On emploie beaucoup la formation dite en Autriche *ligne de colonnes,* et en Prusse, la *colonne d'escadrons,* formation que nous avons déjà expliquée.

Quant à l'organisation de la cavalerie, nous avons eu tout-à-l'heure l'occasion de l'indiquer ; elle était, ce nous semble, plus intelligente que leur règlement. Et l'on peut à bon droit penser que les succès de la cavalerie prussienne eussent été plus grands sur le champ de bataille, si leur règlement avait été en harmonie avec les armes nouvelles.

Ici, Messieurs, se termine notre tâche ; nous avons passé en revue l'organisation, la tactique, et les règlements anciens et nouveaux de la cavalerie. Nous avons dit que nous avions foi dans son avenir, pourvu qu'on modifiât son rôle suivant les exigences modernes. Enfin, nous avons eu à examiner les idées nouvelles introduites dans les règlements depuis quelques années.

La Belgique n'a pu rester indifférente à la transformation qui s'opérait autour d'elle. Un règlement nouveau, dont il est superflu de vous entretenir, a été mis à l'essai depuis plusieurs mois ; dès aujourd'hui, nous pouvons espérer qu'il sera à la hauteur de la science moderne. C'est un excellent élément de succès placé entre nos mains ; à nous maintenant de nous rappeler qu'il faut non-seulement un bon règlement, mais encore des officiers capables pour l'appliquer.

FIN.